Animaatioita

Eero Koistinen

ANIMAATIOITA

Kustantaja: BoD – Books on Demand, Helsinki, Suomi

Valmistaja: BoD – Books on Demand, Norderstedt, Saksa

ISBN: 978-952-80-4748-3

Reunoillaan kaaos vaahtoaa kuperia ikkunoita, kirkkaita puolipallomaisia sielunalkuja. Matkalla rantaan ja hiekan yli ne kasvattavat itselleen toisen samanlaisen puoliskon. Sitten ne kuoriutuvat ja turpoavat, ettei niitä enää voi heittää takaisin.

Kasvattamaansa puoliskoa ne kantavat mukanaan kypäränä ja kulhona. Sen alkuperäisen ne ovat jo polkeneet mutaan, mutta myös ikkunan kopiosta näkee läpi.

Sen mitä ei voi unohtaa, voi sotkea muilla muistoilla. Sielu muistaa ensimmäisen matkansa: nousun ja pintaliidon, rannan ja paisumisen ajan. Välitilat ovat sen aluetta, teitä se pitää ominaan ja kun se kutsuu minut käymään, katson ikkunaa, kavahdan ja astun syrjään polulta jolle vihdoin luulin löytäneeni.

Värini läikkyvät nyrjähdyksessä yli ääriviivojeni. Niin sielu erottaa minut piirroshahmostani.

Sielulla on loivat kaarevat liikkeet, omani ovat kulmikkaita, nykiviä. "Yhdessä me olemme pysähtymättömät," se vaahtoaa tullessaan sillä tuulellaan minuun ja päättää äkkikäännöksistä, suunnanvaihdoista, sellaisista joihin ei itse kykene, minä suoritan mutkiin kulmat. Kääntyilen ja askellan, koikkelehdin sen käskyissä, en tiedä mikä tai minne olen, menen kirjaimien kaltaisiksi koukeroiksi, jotka se heittelee tien varteen kuin lauseet uppoavasta laivasta, vaikka matka vain jatkuu. "Haluan tietää," pyydän. Se menee puuskille, mutta antaa minulle pitkät, suorat portaat, joiden huipulla käännyn, katson taakseni, luen kertomuksen haaksirikosta ja konttaan tyytyväisenä sen suunnattomina tyyntyviin tuuliin.

Myrskyn jälkeen ratsastin puistoon, keräsin pudonneet oksat ja kaatuneen puun. Rakentaisin pöydän ja pari jakkaraa, kutsuisin sielun kylään. Loisin sille sopivan sekoituksen järjestystä ja kaaosta, ruoan jälkeen heittäisimme noppaa.

Sillalla muulini kääntyi poikittain ja liikutti enää vain turpaansa. Polttelin tupakkaa ja katselin sen kuormanjärsintää. Unohdin pöydän, unohdin sielun ja ymmärsin hetken eläintä: puistossa oli viulunsoittoa ja vaahteranlehtiä. Muistin kuitenkin nopat ja kun näytin juhdalle porkkanaa, poimi se koristaan sen purtavaksi liian kovan karahkan, jolla osui minua otsaan.

Uni soi kuin viulu ja kun virkoan on muuli mennyt. Sielu istuu sillalla sen tilalla ja tulen päällä tummuu pannu. Sielu polttaa viimeistä tupakkaani, heittelee noppia nuotioon ja kaataa kahvia housuilleni. Pudotan kuppiin palan sokeria, nousen seisomaan. Sekoittelen kunnes tunnen itseni vieraaksi, vieraammaksi. Silloin sielu kiipeää selkääni, ratsastaa minulla sillalta.

Valvon kolme yötä ja neljä päivää. Kaaos on lukematon, mutta tunnen sen leukani korkeudella. Kuulen kohinan kiihtyvän, avaan suuni ja lainaan itseni sille paikaksi: "ei eräpäivää, ei palautuspakkoa, ei väliä," kuiskaan.

Ei väliä, ei valvojaa. Silmäni painavat, käyvät pinnan alla ja silloin sielu tulee, vie villasukat jaloistani. Se sanoo, etten tarvitse niitä siellä minne olen menossa, laittaa tilalle räpylät ja fiilistelee suosikkisukkiani hiipiessään vieraille teille, joille se tarvitsee:

lämpöä ja hiljaisuutta
lämpöä ja harkintaa
lämpöä ja sopivaa kutinaa
lämpöä ja pari raitaa, välin.

Silmät palaavat pintaan ja niitä on nyt enemmän. Sieraimistani valuu lisää ja rinnuksillani ne muodostavat kevyen katseen, joka kulkee kysyvästi lävitseni. Kaadun sen mukaan ja jään selälleni kellumaan. Palelen, heiluttelen poimuja ilmassa. Silmät sukeltavat, polttavat uneen tunneleita.

Toimikunta purki puutarhan ja jakoi kukkaruukkuihin. Ne on nyt aseteltu jonoon merkeiksi joiden ympäri jäsenet pujottelevat pienillä punaisilla polkuautoillaan: sadekelin renkaat.

Katsomo on rakennettu, sielu istuu eläinkunnan sektorilla. Linnut ovat siipiensä suojissa, siilillä ja rusakoilla on sateenvarjot. Sielulla on vain varjostin, jonka sisällä vilkun sinisenä valona ja haihdun kuumalta pinnaltani paksuiksi pilviksi. Riiputan niitä radan yllä kun pohja kohisee minusta, minussa, minuun, kunnes ei mitään minää eikä sinistäkään enää

putoava paksuus

Sielu näkee halkeilevia ruukkuja, lävitsevuotavia, sameaa massaa, kuuden auton kolareita, kypärissä kieriviä päitä. Ne pulppuavat punaista luontoa: soluja, plasmaa.

Sielun varjostin on revennyt, se on noussut seisomaan ja varikset, harakat ilmaan. Kilpailulle ei enää ole tarvetta, mutta ne laskeutuvat pitoihinsa varautuneina. Niiden on vaikea ymmärtää jakamista, ne tuntevat sen pulssina, pohjattomana tajuna.

Sielu korjaa autot rusakoille ja ne polkevat yhtenä rintamana pois paikalta. Niiden liput liehuvat ja ne laulavat.

Entä siili? Se repii piikkejä itsestään.

Viekää sille matoja!

Kun kaaos on kevyellä mielellä se nousee ja kasvattaa kaksi jalkaa joiden välitse pujottelee sielua kahdeksikkona. Nyt sielu kulkee syvissä hengissä, joissa tie on kiero mutta asfaltti tasaista.

Eilen olin kolmen pisteen etäisyys, tänään nousen tiestä renkaina ja verkkoina. Helisen kun pallo putoaa läpi kettinkien, kolisen kun se kimpoilee. Olen syvyyttä ja sen pintaa, pomppu, päämäärä ja aukko. Sielu on hyppy, heitto joka kiertyy oikein.

Huomenna kaaos solmii tossujen nauhoja, syvyys on liian liukasta ja musiikki soi kuin korva. Pallo kiertää rataa ilman pomputtajaa eikä etäisyydestäkään enää saa pisteitä.

Kompastelen verkkoon kun irrottaudun renkaista ja raahaan hetken henkiä nilkoissa. Ne kilahtelevat ja kiroavat minut väärällä suoralla. Luulen näkeväni pimeää sen päässä, mutta se on pelkkä seinä. Maalaan siihen joitakin kirjaimia.

Kaaos ei koskaan vanhene eikä sielu valmistu. Se on valmiutta, liikkuu laumana eikä pitkään pidä perilläkään paikkaansa. Uskoin, että tarvitsin pahan omahyväisyyteni lisäksi hyvää omapahaisuutta, kun seurasin sitä ja poimin koriini sen höyryäviä jälkiä kuin makkaroita, perunoita, pärinöitä ennen kuin liukastelin tien varteen, omaan rauhaan, jossa olin helppoa saalista pensaston ahnaille alkuasukkaille. Ne olivat minua parempia, ne olivat minua pahempia, minä olin niiden omaa rytmissä nieltävää luontoa, makkaraperunat.

Menetin palasia, sain reikiä. Kyytiin noustessani kannoin niitä merkkeinä sieluttomuudestani tai sielullisuudestani, kuin oikeasta ja vasemmasta joilla huojuin takaisin paikalleni jolla edelleen narskun ja ujellan, kalkatan kanssamatkustajana, nielen kierroksia, suollan kiskoja.

Sielu istuu kalliolla ja lukee itsensä sirpaleiksi lyöviä laineita.
Ilmaan nousee terävää pölyä joka vuodattaa sen silmiä kuiviin. Ne
rakoilevat, lohkeilevat ja putoavat, liukuvat pitkin sileää kiveä,
sekoittuvat aaltojen jäännöksiin. Sielun poskilla on kosteat vanat,
ja kuopissa vielä vähän vettä. Kummassakin nousee pintaan pieni
valas.

Voiko alulleen olla allerginen, ihmettelen, kun valaatkin valuvat
poskille. Kaavin ne kenttäpullooni ja pian povitaskustani kuuluu
tömähdyksiä, kun ne törmäilevät pimeässä.

"Illaksi tyyntyy," sanoo sielu ja niin käy.

Halkeileva aava näyttäytyy verkkona, karttana, kaavakuvana.
Sielu kaivaa taskuistaan kappaleita ja kaataa ne pinnalle
liukumaan. Ne asettuvat paikoilleen taloiksi, tehtaiksi ja
toimistoiksi; halleiksi, hisseiksi ja hotelleiksi. "Kerro mitä
tapahtuu," sielu pyytää.

"Kaduilla soi musiikki, piipusta nousee pilvi, liikkujat
luiskahtelevat. Lännestä puuskuttaa pinnanmurtaja ja puhkoo
virran leikkaamaan kaupunkia. Siltoja rakennetaan ja sirpaleista
tornia. Sen huipuilla on näköalapaikkoja, kiikareita, joilla ihmiset
tiirailevat sinua kuoppiin ja huokailevat."

Sielu taputtaa minua selkään ja kertoo osoitteeni. Kotimatkalla
päästän povellani jyskyttävät nisäkkäät jokeen.

Sielu liukui kuulana vaahtopäällä, se kiilui kuplana pohjassa. Kupla irtosi ja nousi, kuula pysähtyi ja painui, niin sielu osui itseensä eikä enää tiennyt suuntaa.

Oliko kuulassa kupla vai kuplassa kuula?
Oliko alku kummassakaan vai loppuuko nyt kaikki?

Paine puristi siitä lonkeroita, virrat valuttivat sitä valosta hämärään ja pimeästä väreihin.

Olinko kahlannut sitä vastaan, sekö oli kutsunut vai huusivatko vain ilmassa kaartelevat linnut?

Vai opettelinko uimaan, silloin kun kuolasin suustani pieniä kaloja, ison parven? Sukelsin sen perään, mutta se hajosi pian ja siinä syvyydessä velloi sielu päin naamaani, tarttui lonkeroillaan kiinni kurkkuuni ja kuristi. Pääsin vielä pintaan ja räpylöin rantaan, yskin vedet sisältäni. Kun huusin ja nousin, irtosi sielu päästäni ja pihahti pahasti maahan osuessaan. Potkaisin sitä silti.

Istun hiekalla sielu sylissäni. Ylläni on kiljuva kehä, joka kiinnittyy olkapäihini kahdella vaihtuvalla kalalokilla. Ne kaivavat silakoita korvistani ja niin kuulen asioita niiden nielennässä, hetkittäin osallistun kevyesti keskusteluihin.

Sielu kyllästyy, luovuttaa ulokkeensa linnuille ja vierii kohti merta. "Käykö paino harteilla merkityksestä," se kysyy mennessään.

Nousen, juoksen ja potkaisen nyt kovempaa. Se ei koskaan putoa vaan katoaa lonkerot nokissaan lentävien lokkien mukaan.

Unen pinnan ja epätoivon välistä, vierasvenesataman pitkän laiturin alta, kallion onkaloiden ja luolien kautta aukeaa alamaailma ja ikkunoita sen salaisiin paikkoihin. Näet hiekkaa ja aaltoja, sileää harmaata kiveä sekä köynnöksiä ja juuristoa joiden varassa voit kahlata kaaoksessa. Järjestyksestä ovat jäljellä myös putkiin puhkeavat punaiset kukat. Lapset, jotka liikkeellään pitävät lämpöä rantaelämän yllä, keilaavat kumoon terälehtien aukeavaan odotukseen seisahtuneita sieluja.

Sateessa kulkiessani katselin pieniä laivoja ja etsin itseäni niiden
silmistä. En käy merta, vaan sen rajoja, kahlailen rantakatuja ja
pulikoin jalkakäytävissä. Eivätkä ne uskoneet minuun, vaan
nauroivat kuin äijät parvissa harkittujen toimien lomassa.
Moottorit, mastot ja ankkurit, aallot ja ulapat, kaikki läpikäytyjä.
Toisin kuin minä, ne olivat pysyneet pinnalla.

Nyt sielu lirisee vasten lehmusta, jonka lehdissä vihreä on jo
valmista ja ylikypsää ja imee kaiken kimalluksen. Sielun huppu on
kostea pisaroista, joissa etsintä- ja hävityshiukkaset käyvät
hitaasti imeytyvillä kierroksilla kiivaina toistensa ympäri.

Ei löydettäviä läpikäytäviä, ei pintoja joilla pysyä.

Oliko haarautuma ennen haarautuvaa?

Kasvoiko puu muotonsa vai muotoonsa?

Entä polut? jalat?

Liikkeen antimia ovat askeleet ja rytmi, alta päältä ympyröidyt osumat, kierrokset, kehät, pintaan katoava sielu ja sen pisteet, joihin odotus ja muisti ehtivät upota toisiinsa kietoutuneina pyörien värejä ja pieniä syövereitä seuraavan askeleen alle.

Varmuus on luonnotonta järjestystä, työtä ja nakutusta. Syvyydet peitetään toiveikkaina parketeilla. Päämäärä antaa tahdin mutta rytmiä siitä ei nouse.

Pieni vihainen ja valkoinen, sielun hylkäämä koira repii irti värejä ja riepottelee niitä pihan kurakourussa. Värinsä menettäneet rätit se raahaa yksi kerrallaan kellariluukkuun ja levittää ne siellä ruuduiksi matalille metallisille orsille. Sitten se istuu hiljaa paikallaan pää kallellaan, odottaa ja hohtaa kirkkaana vasten tummaa valuvaa taustaa: olenko lähellä, olenko kaukana, onko syvyydellä pintaa?

Pidätän hengitystä, pitelen sen pantaa. Jos puhallan, painuu piha kasaan.

Harmaat kivet kulkivat lävitseni. Kun olin aamaisella, astelivat ne sisään turvakengissään ja nuuskaa huulissaan. Annoin niiden tulla, annoin niiden kaivaa tunneleita. Tunsin muljahteluja sisälläni ja menin takaisin sänkyyn. Annoin muljahdella. Lounasaikaan ne tulivat jonossa ulos. Nousin sängystä, potkaisin kokeilevasti ensimmäistä ja se hajosi keoksi hiekkaa. Haistoin sitä, maistoin sitä, hieroin sitä silmiini. Voimaannuin, potkin loputkin kivet enkä enää palannut sänkyyn. Annoin hiekan olla ja kekojen.

"En oikein jaksa uskoa siivilöihin," sanoin vaimolleni ja lähdin kävelemään.

Varpaastani valui verta. Löytäisin takaisin illalliselle seuraamalla punaisia läiskiä, jos en eksyisi niiden sielueläimillisiin muotoihin.

Voiko pisara hukkua?

Uudessa valossa on odottavia kuoppia, joita kohti lialla voimaannutetut vihaiset kasat virtaavat asfaltin halkeamissa. Syvyyttä ei ole eikä juuri pintaakaan, vain valuntaa johon sielu sukeltaa sykkivien eläinten sekaan. Parasta on olla pisarana liirrossa, kulkeutua kierroksille, kimallella kaaria reunamilla.

Astuin sielun pyrstön päälle. Kun nostin jalkaa, se otti vauhtia ja antoi minun pudota. Pisaraan voi hukkua, ja valoon.

Tuomion ja totisuuden torvi, josta jalustaan jäykistynyt nielee vielä sopivan sekoituksen inhoa ja ihmetystä kärsivällisyyden pimeällä puolella, puistossa, jossa aikakin on menossa kiinni. Siitä kuuluu ääni: lähes sietämätön muisto musiikista, askelista ja hypyistä pulputuksena tulkittuna. "Sielun kuolemankorinaa," sanon ja haukun penkiltäni koiralle. Se ei enää leiki. Vain lapset haluavat pelätä, eivät vielä oikein erota jähmeyttä ja järjestystä. Kysyn niiltä mikä on fanfaarin vastakohta.

Nöyryys, ryystö, niisto, sammakko!

Sammakko on taikasana, nielaisen kärpäsen suustani ja loikin pois paikaltani.

Lapsi potkii laituriin jäätyneitä lohkareita irti ja lähettää niitä kohti vastarantaa. Katselen hidasta kesken jäävää kelluntaa ja ymmärrän, että on työtä jota pitää tehdä.

Silloin sielu kumpuaa pohjiltaan, nousee majakkana merisumuun, vaappuu vilkkuen vetten päällä jäitä vastaan, lumoaa lapsen saavunnallaan.

Kiroan kaikki omahyväiset ja potkin raivollani rannasta valkoisen lautan, jolla purjehdin nuija tanassa kohti majakkaa. Nousen sen jyrkkissä kierteissä kunnes tunnen askelmien aaltoilevan.

"Sielun sisällä on sulauduttava rytmiin, luovutettava lyömäase."

Väistän vanhat opit, kun muistan päivän petoksen. Taistelen paluumatkan portaissa sielua vastaan, hoipun laiturille ja ojennan majakan jyrsimän nuijan nöyränä lapselle. Pelkät ytimet ovat jäljellä, pelkkä sauva, joka rusahtaa ja leimahtaa, nousee savuna sumuun kun se katkaistaan.

Nuotiolla istuskellessamme paljastan sielulle, että opin laulamaan
vasta kun päästin irti hampaistani. Kun suuni on vielä auki,
vapautuu siitä loputtomasti mustavalkoisia ja harmaita vesilintuja
jotka ilmaan noustessaan veisaavat moniäänisesti:

Ei ole turvassa rauhaa, vain vieraana voin vaeltaa

Unohdan harmaat kivet, painovoiman ja riman kammon. Ei ponnistus vaadi päätöstä, juoksua vain ja sopivasti kaartuvan vauhdin. Niin hajoamisen hetki laskeutuu minuun ja minä nousen sen läpi. Emme kuulu toisillemme emmekä ole kuulumatta, paikkoja ei ole oikein pidettäväksi, näytettäväksi, löydettäväksi, eikä se nytkään ota minussa osaa, vaan antaa sielun pudota ja jättää minut kannattimille väreilemään. Allani harmaat kivet sylkevät ilmaan reikiä, helistelen niitä nyrkeissäni niin kauan kun kuulen sielun etsivän patjaa.

Aamu, hahmotun hitaasti, nousen muotooni venytyksillä kohti kahvikuppia ja stendaria. Olen vielä lähellä luontoani ja sen pieniä eläimiä, katkoviivoillani, joille hihittelet vailla pelkoa. Nesteiden ja liman jännitteet kiiltelevät kehilläsi, kalvojesi ääriviivat ohenevat ja laajenet sykkien, olet solua. Kaaosta ei voi jakaa, mutta sen läheisyyden voi, on kuin olisi kesä ja meri heti oven takana, kaksi porrasta siinä välissä.

Kun väsyin ja putosin tahdista, myi sielu rummut ja osti rahoilla poreammeen. Se kupli tuplat luvatusta: puolet purkautuivat ammeen suuttimista, puolet sielun omista rei'istä.

Sielu likosi kuukausia. Joka toinen päivä vein sille sikarin ja samppanjaa, joka toinen se tahtoi vaimoni jolle puhui kielillä.

Noustessaan kylvystä kipinöi vaimoni ja tuikki. Pyyhkeisiin joita hänelle ojensin paloi mustien tähtien muodostamia kuvioita ja meteoriittien kaaria. Etsin öisin taivaalta vastaavuuksia ja naputtelin epähuomiossa ikkunankarmeja.

Sielu hermostui: tiivistyi ensin, mutta purkautui sitten kokonaan, poreita nousee vieläkin pinnan alta ilmaan. Ne täyttävät asunnon, törmäilevät toisiinsa ja seiniin, päästävät tökkiviä ääniä. Vaimoni nauraa, kuulen tahdittomuudessa totuuden enkä enää ikävöi rumpujani.

Sielu puhuu liukuvalla taajuudella. Sen ääni luistelee musiikin, urheilun ja mietteiden kanavien halki. Etsin sitä suhinasta, kääntelen suurta ruoria ähisten ja hikisenä, ajan takaa vaikka näen kuinka se jo sirklaa häkkiinsä kädet selän takana, kaartuu piruettiin ja aukoo kierteissä suutaan. Kun seuraan sen liikkeitä, en kuule sanoja, vaan painoja, sävyjä, kuin kanavien väliin hukkuneiden tunnistusten tunnuksia: muistan katseen ja kosketuksen, mutten naamaa, nimeä.

Tilaamani paketti oli tuijottanut minua sanattomana koko illan niin kuin olisi puhdasta sisältöä tai sitä täynnä. Jotain kuitenkin puuttui enkä siksi katsonut takaisin, en avannutkaan. Sielu sen sijaan kaarteli taskulampun kanssa sen ympärillä ja vaikutti levottomalta. Niissä oli jotain samaa.

"Ehkä sillä on hätä," sanoin.

"Sen varjo on haalistunut," vastasi sielu ja sammutti valon.

"Ja muistuttaa se sinuakin," se jatkoi: "Se pitää itseään sekä merkittävänä että merkitsevänä." Sitten se avasi solmun ja sitoi narusta hihnan paketin silmien väliin. Ja paketti nousi jaloilleen ja seurasi sielua ovelle.

Niin ne lähtivät yhdessä. Sielu, joka on vain varjon varjo, pelkkää tulta, mutta hitaampaa palamista sekä paketti, joka ensimmäisen maailmanpylvään kohdalla nosti jalkaansa, eikä siinä muuta ollut, vain tarpeet ja jotain painetta. Jäljelle jäi kahden mustan aukon muodostama katse joka liukui sielun jäljessä kuin rullilla.

Ahtausolio

Sielu on avaruusolio, joka viihtyy luolissa ja siltojen alla, joissa
sulautuu varjoihin, laimenee aaltoihin, liukenee aikaan
yhteyksiksi, joista purkautuu savuina, usvina, sumuina ja nousee,
jää pyörimään

yskin kun yritin sisäistää sitä.

Niin luovuin siitä ja sain sekunnintarkan ajantajun. En enteillyt, en
odottanut, vaan pistelin tahdissa pintaani pieniä reikiä, kunnes
kohtia ei enää ollut

vain tikitys pysyy ja tiivistyy.
Olen nyt täynnä.

Järjestys on poistoja ja suussa turpoava rulla, tuoli jossa olen solmittuna kapaloihin keskelle pyöreää pyörivää häkkiä, korvani turvottajan tuoksuvalla rinnalla. Sielu vaeltaa ympärillä, yskii, huokaa ja aivastaa, kolistelee kapuloilla kahleita. Sen silmä valuu, hytkyy askelluksessa, kiiltelee kirkkaissa valoissa valkoisten takkien ja instrumenttien seassa. Näyt irtoavat minusta, ja kun sielu seisahtuu savuketta sytyttämään, sekoittuu se niihin ja himmenee kaasuissa kaltereiden läpi.

Olen ainetta tai vain aikaan varattu paikka, täynnä turvaa jota laukean täältä alkuun asti.

Jätä sielu rauhaan, minulle sanottiin, anna sen olla: "Ei salaisuuksia saa esitellä paljaana." Eivät ne nähneet sen perustavanlaatuista karvaisuutta, ne jotka puhuivat, nimen vain ja liman.

Silti harjasin sen iltaisin ja tein sille pesiä kainaloihin joihin se käpertyi kiiltävänä ja väsyneenä. Luin sille satuja jossa maailma oli lakaistu maan alle ja eläimet asuttivat elämää. Se kokeili hahmoja: rottaa, sutta, majavaa, perhosta, papukaijaa ja lokkiin se jäi, koska rakasti sen räpylöitä. Suljin kirjan ja syötin sille pieniä kaloja. Se söi kunnes pudotti kaksi pientä pilkullista munaa, lensi ulos ikkunasta ja jätti jälkeensä leijuvan, likaisen ja läpikuultavan vanan. Laitoin munat kainalokuoppiini ja jäin odottamaan.

Kummastakin kuoriutui kasa kirjavia, tahmeita matoja, jotka erkanivat kirjaimia esittäviin asentoihin. En osannut lukea niitä.

Sielu palasi ja söi molemmat lauseet. Vaikka sillä oli eläin elettävänä, se nukkui pitkään ja piti unissaan puheita. Nukahdin niihin ja kun heräsin, oli sielu taas mennyt ja jättänyt kainaloihin uudet munat, madot. Nyt ymmärsin niiden viestin:

Tällä jutulla on liian pitkä häntä!

Leikkasin hännän ja paloittelin sen lautaselle sielua varten. Madot vein pihalle ja katselin kuinka ne kiivaina, vaikkakin vaivihkaa vihellellen, kaivautuivat maahan. Peitin vielä reiät.

Huomaan että sielu on soluttautunut aavehiukkasissa sisään, kun mietteet häviävät mitäänsanomattomina häntinä ulospuhalluksen mukana. Oli joku lista, ehkä pala suunnitelmaa, jalka- tai sanapariasia. Mutta sielu on jo pyyhkinyt niiden jäljet, kuulen vain taukojen kaiut.

Voisit luulla, että se haluaa tilalle oikeita ajoja, syviä tai räjähtäviä, jonkun loitsun ehkä, mutta kumpikaan meistä ei halua kantaa väen paljoutta, ratkaisuja, tietoa. Lapasia vain, joilla se huiskii minut huomioimaan kevättä odottavan oksan varjon kylmällä öisellä seinällä. Sen vapinan, sanattomuuteni läpi luikkivan ja vaistot vapauttavan kevyen käsialan.

Alta pettävät pinnat, nestemäisen ja kiinteän välillä neuvottelevat

pohjat, pohjattomuudesta muistuttavat luiskahdusten

mahdollisuudet, niiden heikosti havaittavat aallot, pelon häly, pöly,

jaettavat vahingot ja metelin melkein musiikki ohjaavat sielun

keveyttä, kutsuvat sitä liukumaan vanana elävän ja pätevän väliin.

Nojailen kannettaviin kaiteisiini ja syljeskelen sillalta. Hymyni on

hitaasti liukeneva, hankalasti liukuva. Olen raskasta seuraa ja

jalkaa, mutta tunnen painoni jo hajoavan, hiutaleiden irtoavan

valkoisina hyönteisinä, nousevan, nostavan. Kerron vielä surinasta

ja siivistä, mutta suunnista en tiedä, tahdista en ehdi.

Vihan säännöllisiin muotoihin pakotetut aallot hioivat minut hereille jo harmaan aikaan, työnsivät pystyyn ja taluttivat kaiteelle katselemaan syvyyksien pehmeitä pyörteitä, kuuntelemaan niiden huminaa, etsimään niistä eläimen silmää. Jos osuisin itselläni ytimeen, puhdistuisin ja nousisin uuteen ymmärrykseen, vanhaan viisauteen.

Ehdin jo epäillä, ihmetellä kaiken värittömyyttä ennen kuin sielu nousi vihreänoranssina viereeni teroittamaan varpaankynsiään. "Se nielee suunnat ja syvenee syömällä," selitti sielu maalaillessaan kynsiinsä punaisia ristejä ja nollia, "ja saa siten luonnottoman, pohjattoman painoarvonsa," se luennoi kun heilutteli valmiita varpaitaan kuopan höyryissä.

"Pelkkää pelailua ratkaisun reunalla," vastasin ennen kuin tumppasin tupakkani sen pyöreimpään ympyrään ja hyppäsin. Sain painua pitkään läpi sokeiden kohteiden ennen kuin sielu sukelsi ja kantoi minut takaisin kaiteelle.

Opinko jotain? kysyt.

Entä varpaankynnet? kysyy joku toinen. Silloin paljastan, että kun sielu lepäsi sängyssäni, pani se minut nuolemaan ja nielemään niistä merkit. Sain haavoja kieleeni, mutta ne punaiset putoavat nyt minussa ja pitävät minut pohjassa.

Annoin lampaideni karata, eksyä, karaistua laumasta koplaksi, joka survoi susia alleen. Sitten etsin ne ja keritsin. Karstasin, kehräsin, kertasin ja käärin vyyhdeistä verisen kerän, josta neuloin sielulle villapaidan.

Oi voi!

Sielu pukeutui ja tuli tyylikkääksi, sitten se etsi lampaat ja liittyi niihin.

Oi voi!

Kopla kierteli kaukaiset seudut. Eivät ne määkyneet enää, ulvoivat vain kun sielu teroitti niiden hampaat, ratsasti niistä raukeimmalla ja usutti toverinsa ryntäämään rintamina leijonien, liskojen ja läskipäiden kimppuun. Kuulin kertomuksia joissa sielun villapaita hulmusi ja keräsi itseensä lisää värejä, viiruja, läiskiä, verta.

Oi voi!

Ratsastettuaan kotiin kaikkensa antaneen altavastaajan uupumuksen autuudella, syleili sielu maailmaa jolta luuli jo ansainneensa vapauden. Mutta sillä oli vain velkaa: villapaidasta, hurjasta maineesta ja kaukomaille hukatuista lampaista.

Oi voi!

Villapaidasta luopuessaan se vaikutti kuitenkin onnelliselta ja asettui vastustelematta valitsemaani häkkiin. Parvi lentäviä eläimiä ruokki sillä itseään, mutta se ei liikahtanutkaan, vaan kasvoi puhdasta valkoista karvaa ja hännän. Lopulta jäljellä oli vain pitkä pehmeä turkki jossa oli ihana tupsu. Poimin sen häkistä ja puin ylleni. Se sopi verittyneen villapaidan kanssa niin hyvin yhteen että kuvittelin itseni kokonaiseksi, oi voi, jopa sielukkaaksi.

Kun valo väreili ääniksi, avasimme silmät ja näimme rajoihimme repeytyvän vokaaleita, kuulimme sieluille aukeavat kuilut.

Hyökyisimme toistemme henkiin tai huokuisimme toisemme henkiin.